Indisk Smagsorgie

En Kulinarisk Rejse gennem Indiens Krydderirige Køkken

Amara Patel

Indholdsfortegnelse

Fyldt aubergine

Til 4 personer

ingredienser

10 små auberginer

1 stort løg, finthakket

3 spsk frisk kokos, revet

1 tsk stødt spidskommen

1 tsk chilipulver

50 g/1¾oz hakkede korianderblade

Saft af 1 citron

Salt efter smag

3 spiseskefulde raffineret vegetabilsk olie

Metode

- Lav et kryds med en kniv i den ene ende af hver aubergine og skær den uden at skære den anden ende. Sæt til side.

- Bland de resterende ingredienser, undtagen olien. Fyld de delte auberginer med denne blanding.

- Varm olien op i en stegepande. Tilsæt auberginerne og steg ved middel varme i 3-4 minutter. Dæk til og kog i 10 minutter, vend forsigtigt auberginerne af og til. Serveres varm.

Sarson ka Saag

(Grøn sennep i sauce)

Til 4 personer

ingredienser

3 spiseskefulde raffineret vegetabilsk olie

100 g/3½ oz hakket sennepsgrønt

200 g/7 oz spinat, finthakket

3 grønne chili, skåret på langs

1 cm/½in ingefærrod, revet i julien

2 fed hvidløg, knust

Salt efter smag

250 ml/8 flydende ounces vand

2 spsk smør

dråbe smør

Metode

- Varm olien op i en gryde. Tilsæt sennepsgrønt, spinat og grønne chili. Steg dem ved middel varme i et minut.

- Tilsæt ingefær, hvidløg, salt og vand. Bland godt. Lad det simre i 10 minutter.

- Purér blandingen i en blender, indtil den er glat.

- Overfør til en gryde og kog over medium varme i 15 minutter.

- Pynt med smør. Serveres varm.

Shahi Paneer

(Paneer i Rich Gravy)

Til 4 personer

ingredienser

4 spiseskefulde raffineret vegetabilsk olie

500g/1lb 2oz panel*, Hakket op

2 store løg, malet til en pasta

1 tsk ingefærpasta

1 tsk hvidløgspasta

1 tsk chilipulver

300 g/10 oz tomatpuré

200 g/7 oz yoghurt, rystet

250 ml/8 fl oz enkelt creme

Salt efter smag

Metode

- Varm 1 spsk olie op i en gryde. Tilføj paneer-stykkerne. Steg dem ved middel varme, indtil de er gyldenbrune. Dræn og reserver.

- Tilsæt den resterende olie til den samme gryde. Tilsæt løg, ingefærpasta og hvidløgspasta. Steg i et minut. Tilsæt paneer og de resterende ingredienser. Kog i 5 minutter, rør af og til. Serveres varm.

Tandoori kartoffel

Til 4 personer

ingredienser

16 store kartofler, skrællede

Raffineret vegetabilsk olie til stegning

3 spsk finthakkede tomater

1 spsk korianderblade, hakket

1 tsk garam masala

100 g/3½ oz cheddarost, revet

Salt efter smag

Saft af 2 citroner

Metode

- Tag kartoflerne ud. Gem kødet og de udhulede dele.

- Varm olien op i en stegepande. Tilsæt de udhulede kartofler. Steg dem ved middel varme, indtil de er gyldenbrune. Sæt til side.

- I den samme olie tilsættes de hakkede kartofler og alle de resterende ingredienser, undtagen citronsaften. Sauter ved svag varme i 5 minutter.

- Fyld denne blanding inde i de hule kartofler.

- Bag de fyldte kartofler i en ovn ved 200°C (400°F, gasmærke 6) i 5 minutter.

- Drys citronsaft over kartoflerne. Serveres varm.

majs karry

Til 4 personer

ingredienser

1 stor kartoffel, kogt og moset

500g/1lb 2oz tomatpuré

3 spiseskefulde raffineret vegetabilsk olie

8 karryblade

2 spsk besan*

1 tsk ingefærpasta

½ tsk gurkemeje

Salt efter smag

1 tsk garam masala

1 tsk chilipulver

3 teskefulde sukker

250 ml/8 flydende ounces vand

4 aks, skåret i 3 stykker hver og kogt

Metode

- Bland kartoffelmosen godt med tomatpuréen. Sæt til side.

- Varm olien op i en gryde. Tilsæt karrybladene. Lad dem syde i 10 sekunder. Tilsæt besan og ingefærpasta. Steg ved svag varme til de er gyldne.

- Tilsæt kartoffel- og tomatblanding og alle resterende ingredienser undtagen majs. Lad det simre i 3-4 minutter.

- Tilsæt majsstykkerne. Bland godt. Lad det simre i 8-10 minutter. Serveres varm.

Masala grøn peber

Til 4 personer

ingredienser

1½ spsk raffineret vegetabilsk olie

1 tsk garam masala

¼ tsk gurkemeje

½ tsk ingefærpasta

½ tsk hvidløgspasta

1 stort løg, finthakket

1 tomat, finthakket

4 store grønne peberfrugter, skåret i julien

125 g/4½ oz yoghurt

Salt efter smag

Metode

- Varm olien op i en gryde. Tilsæt garam masala, gurkemeje, ingefærpasta og hvidløgspasta. Steg denne blanding ved middel varme i 2 minutter.

- Tilsæt løget. Steg indtil gennemsigtigt.

- Tilsæt tomat og grønne peberfrugter. Steg i 2-3 minutter. Tilsæt yoghurt og salt. Bland godt. Kog i 6-7 minutter. Serveres varm.

Oliefri flaske græskar

Til 4 personer

ingredienser

500g/1lb 2oz flaske græskar*, uden hud og hakket

2 tomater, fint hakkede

1 stort løg, finthakket

1 tsk ingefærpasta

1 tsk hvidløgspasta

2 grønne chili, finthakket

½ tsk stødt koriander

½ tsk stødt spidskommen

25 g/1 oz korianderblade, finthakket

120 ml/4 fl oz vand

Salt efter smag

Metode

- Bland alle ingredienserne sammen. Kog i en gryde ved svag varme i 20 minutter. Serveres varm.

Okra med yoghurt

Til 4 personer

ingredienser

3 spiseskefulde raffineret vegetabilsk olie

½ tsk spidskommen frø

500 g / 1 lb 2 oz okra, hakket

½ tsk chilipulver

¼ tsk gurkemeje

2 grønne chili, skåret på langs

1 tsk ingefær, finhåret

200 g/7 oz yoghurt

1 tsk besan*, opløst i 1 spsk vand

Salt efter smag

1 spsk korianderblade, finthakket

Metode

- Varm olien op i en gryde. Tilsæt spidskommen frø. Lad dem syde i 15 sekunder.

- Tilsæt okra, chilipulver, gurkemeje, grønne chili og ingefær.

- Lad det simre i 20 minutter under omrøring af og til.

- Tilsæt yoghurt, besanblanding og salt. Kog i 5 minutter.

- Pynt okraen med korianderbladene. Serveres varm.

Stegt karela

(Stegt bitter græskar)

Til 4 personer

ingredienser

4 medium bitre græskar*

Salt efter smag

1½ spsk raffineret vegetabilsk olie

½ tsk sennepsfrø

½ tsk gurkemeje

½ tsk ingefærpasta

½ tsk hvidløgspasta

2 store løg, finthakket

½ tsk chilipulver

¾ tsk brun farin*, revet

Metode

- Skræl de bitre græskar og halver dem på langs. Kassér frøene og skær hver halvdel i tynde skiver. Tilsæt saltet og lad det sidde i 20 minutter. Pres vandet ud. Sæt til side igen.

- Varm olien op i en gryde. Tilsæt sennepsfrø. Lad dem syde i 15 sekunder.

- Tilsæt de resterende ingredienser og steg ved middel varme i 2-3 minutter. Tilsæt bitter græskar. Bland godt. Kog i 5 minutter ved lav varme. Serveres varm.

kål med ærter

Til 4 personer

ingredienser

1 spiseskefuld raffineret vegetabilsk olie

1 tsk sennepsfrø

2 grønne chili, skåret på langs

¼ tsk gurkemeje

400 g/14 oz kål, fintrevet

125 g friske ærter

Salt efter smag

2 spsk dehydreret kokosnød

Metode

- Varm olien op i en gryde. Tilsæt sennepsfrø og grønne chili. Lad dem syde i 15 sekunder.
- Tilsæt de resterende ingredienser undtagen kokos. Lad det simre i 10 minutter.
- Tilsæt kokos. Bland godt. Serveres varm.

Kartofler i tomatsauce

Til 4 personer

ingredienser

2 spiseskefulde raffineret vegetabilsk olie

1 tsk spidskommen frø

En knivspids asafoetida

½ tsk gurkemeje

4 store kartofler, kogte og skåret i tern

4 tomater, fint hakkede

1 tsk chilipulver

Salt efter smag

1 spsk korianderblade, hakket

Metode

- Varm olien op i en gryde. Tilsæt spidskommen, asafoetida og gurkemeje. Lad dem syde i 15 sekunder.
- Tilsæt de resterende ingredienser undtagen korianderblade. Bland godt. Lad det simre i 10 minutter. Pynt med korianderblade. Serveres varm.

Matar Palak

(ærter og spinat)

Til 4 personer

ingredienser

400 g/14 oz spinat, dampet og hakket

2 grønne chilier

4-5 spiseskefulde raffineret vegetabilsk olie

1 tsk spidskommen frø

1 knivspids asafoetida

1 tsk gurkemeje

1 stort løg, finthakket

1 tomat, finthakket

1 stor kartoffel, skåret i tern

Salt efter smag

200 g/7 oz grønne ærter

Metode

- Kværn spinat og chili til en fin masse. Sæt til side.
- Varm olien op i en gryde. Tilsæt spidskommen, asafoetida og gurkemeje. Lad dem syde i 15 sekunder.
- Tilsæt løget. Steg ved middel varme, indtil det bliver gennemsigtigt.
- Tilsæt de resterende ingredienser. Bland godt. Lad det simre i 7-8 minutter, under omrøring af og til.
- Tilsæt spinatpastaen. Lad det simre i 5 minutter. Serveres varm.

Kål masala

(krydret kål)

Til 4 personer

ingredienser

3 spiseskefulde raffineret vegetabilsk olie

1 tsk spidskommen frø

¼ tsk gurkemeje

1 tsk hvidløgspasta

1 tsk ingefærpasta

1 stort løg, finthakket

1 tomat, finthakket

½ tsk chilipulver

Salt efter smag

400 g/14 oz kål, finthakket

Metode

- Varm olien op i en gryde. Tilsæt spidskommen og gurkemeje. Lad dem syde i 15 sekunder. Tilsæt hvidløgspasta, ingefærpasta og løg. Steg ved middel varme i 2-3 minutter.

- Tilsæt tomat, chilipulver, salt og kål. Bland godt. Dæk med låg og lad det simre i 10-15 minutter. Serveres varm.

aubergine karry

Til 4 personer

ingredienser

4 grønne chilier

2,5 cm/1 tomme ingefærrod

50 g/1¾oz hakkede korianderblade

3 spiseskefulde raffineret vegetabilsk olie

1 tsk mung dhal*

1 tsk urad dhal*

1 tsk spidskommen frø

½ tsk sennepsfrø

1 lb/500 g 2 oz små auberginer, skåret i 2 tommer/5 cm stykker

½ tsk gurkemeje

1 tsk tamarindpasta

Salt efter smag

250 ml/8 flydende ounces vand

Metode

- Kværn grønne chilier, ingefær og korianderblade sammen. Sæt til side.

- Varm olien op i en gryde. Tilsæt mung dhal, urad dhal, spidskommen og sennepsfrø. Lad dem syde i 20 sekunder.

- Tilsæt de resterende ingredienser og chili-ingefærpastaen. Bland godt. Dæk med låg og lad det simre i 10 minutter, mens der røres af og til. Serveres varm.

Simla Mirch ka Bharta

(chilipeber)

Til 4 personer

ingredienser

3 mellemstore grønne peberfrugter

3 mellemstore røde peberfrugter

3 spiseskefulde raffineret vegetabilsk olie

2 store løg, finthakket

6 fed hvidløg, finthakket

2,5 cm/1 tomme ingefærrod, finthakket

½ tsk chilipulver

¼ tsk gurkemeje

2 tomater, hakkede

1 tsk salt

1 spsk korianderblade, hakket

Metode

- Grill de grønne og røde peberfrugter i 5-6 minutter. Vend ofte for at sikre, at de bliver ristet jævnt.

- Skræl det forkullede skind, fjern stilke og kerner, og skær peberfrugten i små stykker. Sæt til side.

- Varm olien op i en gryde. Tilsæt løg, hvidløg og ingefær. Steg dem ved middel varme, indtil løgene er gyldne.

- Tilsæt chilipulver, gurkemeje, tomater og salt. Sauter blandingen i 4-5 minutter.

- Tilsæt peberfrugterne. Bland godt. Dæk med låg og lad det simre i 30 minutter.

- Pynt grøntsagerne med korianderblade. Serveres varm.

Hurtig flaske græskarry

Til 4 personer

ingredienser

1 mellemstor flaske græskar*, skrællet og hakket

1 stort løg, finthakket

60 g/2 oz tomater, fint hakkede

4-5 fed hvidløg, hakket

1 spsk tomatsauce

1 spsk tørrede bukkehornsblade

½ tsk gurkemeje

¼ tsk friskkværnet sort peber

2 spsk mælk

Salt efter smag

1 spsk korianderblade, hakket

Metode

- Kog alle ingredienser undtagen korianderblade i en gryde ved middel varme i 20 minutter, mens der røres af og til. Dæk med låg.

- Rør blandingen godt rundt. Pynt med korianderblade. Serveres varm.

Kaala Chana Curry

(Kikærter sort karry)

Til 4 personer

ingredienser

250 g/9 oz kaala chana*, udblødt natten over

En knivspids bagepulver

Salt efter smag

1 liter/1¾ pints vand

1 lille løg

2,5 cm/1 tomme ingefærrod

1 spiseskefuld smør

1 tomat, i tern

½ tsk gurkemeje

½ tsk chilipulver

8-10 karryblade

1 spsk tamarindpasta

Metode

- Bland chanaen med natron, salt og halvdelen af vandet. Kog i en gryde ved middel varme i 45 minutter. Knus og reserver.
- Kværn løg og ingefær, indtil du får en pasta.
- Varm ghee op i en gryde. Tilsæt løg-ingefærpasta og steg indtil gyldenbrun.
- Tilsæt chanablandingen og de resterende ingredienser. Bland godt. Lad det simre i 8-10 minutter, under omrøring af og til. Serveres varm.

Kalina

(Blandede grøntsager i mælk)

Til 4 personer

ingredienser

750 ml/1¼ pints mælk

2 grønne bananer, skrællet og hakket

250 g/9 oz flaske græskar*, Hakket op

100 g/3½ oz kål, revet

2 tomater, hakkede

1 stor grøn peberfrugt, hakket

1 tsk tamarindpasta

1 tsk stødt koriander

1 tsk stødt spidskommen

2 tsk chilipulver

2 tsk brun farin*, revet

100 g/3½ oz korianderblade, finthakket

2 spsk khoya*

Salt efter smag

1 spsk korianderblade, finthakket

Metode

- Varm mælken op i en gryde ved middel varme, indtil den begynder at koge. Tilsæt banan og flaske græskar. Bland godt. Kog i 5 minutter.

- Tilsæt de resterende ingredienser undtagen korianderblade. Bland godt. Lad det simre i 8-10 minutter under jævnlig omrøring.

- Pynt kalinaen med korianderblade. Serveres varm.

tandoori blomkål

Til 4 personer

ingredienser

1½ tsk chilipulver

1½ tsk garam masala

Saft af 2 citroner

100 g/3½ oz yoghurt

sort salt efter smag

1 kg blomkålsbuketter

Metode

- Bland alle ingredienserne undtagen blomkålen. Mariner derefter blomkålen med denne blanding i 4 timer.
- Bages i en forvarmet ovn ved 200°C (400°F, gasmærke 6) i 5-7 minutter. Serveres varm.

Krydret Kaala Chana

Til 4 personer

ingredienser

500g/1lb 2oz kaala chana*, udblødt natten over

500 ml/16 flydende ounce vand

Salt efter smag

3 spiseskefulde raffineret vegetabilsk olie

En knivspids asafoetida

½ tsk sennepsfrø

1 tsk spidskommen frø

2 søm

1 cm/½ i kanel

¼ tsk gurkemeje

1 tsk stødt koriander

1 tsk stødt spidskommen

½ tsk garam masala

1 tsk tamarindpasta

1 spsk korianderblade, hakket

Metode

- Kog chanaen med vandet og saltet i en gryde ved middel varme i 20 minutter. Sæt til side.

- Varm olien op i en gryde. Tilsæt asafoetida og sennepsfrø. Lad dem syde i 15 sekunder. Tilsæt den kogte chana og andre ingredienser undtagen korianderblade. Lad det simre i 10-15 minutter.

- Pynt den krydrede kaala chana med korianderblade. Serveres varm.

Tur Dhal Kofta

(Split røde dumplings)

Til 4 personer

ingredienser

600g/1lb 5oz masor dhal*, udblødt natten over

3 grønne chili, finthakket

3 spsk korianderblade, hakket

60 g/2 oz kokos, revet

3 spsk spidskommen frø

En knivspids asafoetida

Salt efter smag

Raffineret vegetabilsk olie til stegning

Metode

- Vask og mal dhalen groft. Ælt godt sammen med de resterende ingredienser, undtagen olien, indtil du får en blød dej. Del i kugler på størrelse med valnød.
- Varm olien op i en gryde. Tilsæt kuglerne og steg dem ved svag varme, indtil de er gyldenbrune. Dræn koftaerne og server dem varme.

shahi blomkål

(Lækkert blomkål)

Til 4 personer

ingredienser

8 fed hvidløg

2,5 cm/1 tomme ingefærrod

½ tsk gurkemeje

2 store løg, revet

4 tsk valmuefrø

2 spsk smør

200 g/7 oz yoghurt, rystet

5 tomater, fint hakkede

200 g/7 oz dåseærter

1 tsk sukker

2 spsk frisk fløde

Salt efter smag

250 ml/8 flydende ounces vand

500 g/1 lb 2 oz blomkålsbuketter, stegt

8 små kartofler, stegte

Metode

- Kværn hvidløg, ingefær, gurkemeje, løg og valmuefrø til en fin pasta. Sæt til side.

- Varm 1 spsk ghee op i en gryde. Tilsæt valmuepastaen. Sauter i 5 minutter. Tilsæt de resterende ingredienser undtagen blomkål og kartofler. Lad det simre i 4 minutter.

- Tilsæt blomkål og kartofler. Lad det simre i 15 minutter og server varmt.

Okra Gojju

(Okra-kompot)

Til 4 personer

ingredienser

500g/1lb 2oz okra, skåret i skiver

Salt efter smag

2 spsk raffineret vegetabilsk olie plus ekstra til stegning

1 tsk sennepsfrø

En knivspids asafoetida

200 g/7 oz yoghurt

250 ml/8 flydende ounces vand

Metode

- Vend okra med salt. Varm olien op i en gryde og steg okraen ved middel varme, indtil den er gyldenbrun. Sæt til side.
- Opvarm 2 spsk olie. Tilsæt sennep og asafoetida. Lad dem syde i 15 sekunder. Tilsæt okra, yoghurt og vand. Bland godt. Serveres varm.

Yam i grøn sauce

Til 4 personer

ingredienser

300 g/10 oz yam*, i tynde skiver

1 tsk chilipulver

1 tsk amchoor*

½ tsk malet sort peber

Salt efter smag

Raffineret vegetabilsk olie til stegning

Til saucen:

400 g/14 oz spinat, hakket

100 g/3½ oz flaske græskar*, revet

En knivspids bagepulver

3 grønne chilier

2 tsk fuldkornshvedemel

Salt efter smag

3 spiseskefulde raffineret vegetabilsk olie

1 cm/½in ingefærrod, revet i julien

1 lille løg, finthakket

knivspids stødt kanel

En knivspids malet nelliker

Metode
- Bland yamskiverne med chilipulver, amchoor, peber og salt.
- Varm olien op i en gryde. Tilsæt yamskiverne. Steg dem ved middel varme til de er gyldne. Dræn og reserver.
- Til saucen blandes spinat, squash og natron sammen. damp (se madlavningsteknikker) blandingen i en dampkoger ved middel varme i 10 minutter.
- Kværn denne blanding sammen med grønne chilier, mel og salt til en semi-glat pasta. Sæt til side.
- Varm olien op i en gryde. Tilsæt ingefær og løg. Steg ved middel varme, indtil løget er gyldent. Tilsæt malet kanel, stødt nelliker og spinatblanding. Bland godt. Kog ved middel varme i 8-10 minutter, mens du rører i lejligheden.
- Tilføj yam til denne grønne sauce. Bland godt. Dæk med låg og lad det simre i 4-5 minutter. Serveres varm.

Simla Mirch ki Sabzi

(Tørret grøn peber)

Til 4 personer

ingredienser

2 spiseskefulde raffineret vegetabilsk olie

2 store løg, finthakket

¾ tsk ingefærpasta

¾ tsk hvidløgspasta

1 tsk stødt koriander

¼ tsk gurkemeje

½ tsk garam masala

½ tsk chilipulver

2 tomater, fint hakkede

Salt efter smag

4 store grønne peberfrugter, hakket

1 spsk korianderblade, finthakket

Metode

- Varm olien op i en gryde. Tilsæt løg, ingefærpasta og hvidløgspasta. Steg ved middel varme, indtil løgene er gyldne.

- Tilsæt alle de resterende ingredienser undtagen korianderblade. Bland godt. Sauter blandingen ved svag varme i 10-15 minutter.

- Pynt med korianderblade. Serveres varm.

blomkålskarry

Til 4 personer

ingredienser

3 spiseskefulde raffineret vegetabilsk olie

1 tsk spidskommen frø

¼ tsk gurkemeje

1 tsk ingefærpasta

1 tsk stødt koriander

1 tsk chilipulver

200 g/7 oz tomatpuré

1 tsk pulveriseret sukker

Salt efter smag

400 g/14 oz blomkålsbuketter

120 ml/4 fl oz vand

Metode

- Varm olien op i en gryde. Tilsæt spidskommen frø. Lad dem syde i 15 sekunder.

- Tilsæt de resterende ingredienser undtagen vand. Bland godt. Tilsæt vandet. Dæk med låg og lad det simre i 12-15 minutter. Serveres varm

Haaq

(spinat karry)

Til 4 personer

ingredienser

1 cm/½ ingefærrod, revet i julien

1 tsk fennikelfrø, knust

2 spiseskefulde raffineret vegetabilsk olie

2 tørrede røde chilier

¼ teskefuld asafoetida

1 grøn chili, skåret på langs

Salt efter smag

400 g/14 oz spinat, finthakket

500 ml/16 flydende ounce vand

Metode

- Tørsteg (se madlavningsteknikker) ingefær og fennikelfrø. Sæt til side.

- Varm olien op i en gryde. Tilsæt røde chili, asafoetida, grønne chili og salt. Steg denne blanding ved middel varme i 1 minut.

- Tilsæt ingefær- og fennikelfrøblandingen. Steg i et minut. Tilsæt spinat og vand. Dæk med låg og lad det simre i 8-10 minutter. Serveres varm.

tørret blomkål

Til 4 personer

ingredienser

3 spiseskefulde raffineret vegetabilsk olie

1 tsk spidskommen frø

¼ tsk gurkemeje

2 grønne chili, finthakket

1 tsk ingefærpasta

½ tsk pulveriseret sukker

400 g/14 oz blomkålsbuketter

Salt efter smag

60 ml/2 flydende ounces vand

10 g/¼oz hakkede korianderblade

Metode

- Varm olien op i en gryde. Tilsæt spidskommen frø. Lad dem syde i 15 sekunder.
- Tilsæt gurkemeje, grønne chili, ingefærpasta og flormelis. Steg ved middel varme i et minut. Tilsæt blomkål, salt og vand. Bland godt. Dæk med låg og lad det simre i 12-15 minutter.

- Pynt med korianderblade. Serveres varm.

Grøntsag Korma

(Blandede grøntsager)

Til 4 personer

ingredienser

3 spiseskefulde raffineret vegetabilsk olie

1 cm/½ i kanel

2 søm

2 grønne kardemommebælg

2 store løg, finthakket

¼ tsk gurkemeje

½ tsk ingefærpasta

½ tsk hvidløgspasta

Salt efter smag

300 g/10 oz blandede frosne grøntsager

250 ml/8 flydende ounces vand

1 tsk valmuefrø

Metode

- Varm olien op i en gryde. Tilsæt kanel, nelliker og kardemomme. Lad dem syde i 30 sekunder.

- Tilsæt løg, gurkemeje, ingefærpasta, hvidløgspasta og salt. Steg blandingen ved middel varme i 2-3 minutter under konstant omrøring.

- Tilsæt grøntsagerne og vand. Bland godt. Dæk med låg og lad det simre i 5-6 minutter under omrøring af og til.

- Tilsæt valmuefrø. Bland godt. Lad det simre i 2 minutter mere. Serveres varm.

Stegt aubergine

Til 4 personer

ingredienser

500 g/1 lb 2 oz aubergine i skiver

4 spiseskefulde raffineret vegetabilsk olie

Til marinaden:

1 tsk chilipulver

½ tsk malet sort peber

½ tsk gurkemeje

1 tsk amchoor*

Salt efter smag

1 spsk rismel

Metode

- Bland ingredienserne til marinaden. Mariner aubergineskiverne med denne blanding i 10 minutter.

- Varm olien op i en stegepande. Tilsæt aubergineskiverne. Steg dem ved svag varme i 7 minutter. Vend skiverne og steg igen i 3 minutter. Serveres varm.

Rød tomat karry

Til 4 personer

ingredienser

1 spsk jordnødder, tørristede (se madlavningsteknikker)

1 spsk cashewnødder, ristede (se madlavningsteknikker)

4 tomater, hakkede

1 lille grøn peberfrugt, hakket

3 spiseskefulde raffineret vegetabilsk olie

1 tsk ingefærpasta

1 tsk hvidløgspasta

1 stort løg, hakket

1½ tsk garam masala

¼ tsk gurkemeje

½ tsk sukker

Salt efter smag

Metode

- Bland peanuts og cashewnødder og mal dem. Sæt til side.

- Kværn tomater og grøn peber sammen. Sæt til side.

- Varm olien op i en stegepande. Tilsæt ingefærpasta og hvidløgspasta. Steg ved middel varme i et minut. Tilsæt løg, garam masala, gurkemeje, sukker og salt. Steg blandingen i 2-3 minutter.

- Tilsæt peanut-cashew-blandingen og tomat-peber-blandingen. Bland godt. Dæk med låg og lad det simre i 15 minutter. Serveres varm.

Aloo Kill Curry

(Kartoffel- og ærtekarry)

Til 4 personer

ingredienser

1½ spsk raffineret vegetabilsk olie

1 tsk spidskommen frø

1 stort løg, finthakket

½ tsk gurkemeje

1 tsk stødt koriander

1 tsk stødt spidskommen

1 tsk chilipulver

200 g/7 oz tomatpuré

Salt efter smag

2 store kartofler, hakkede

400 g/14 oz ærter

120 ml/4 fl oz vand

Metode

- Varm olien op i en gryde. Tilsæt spidskommen frø. Lad dem syde i 15 sekunder. Tilsæt løget. Steg den ved middel varme, til den bliver gyldenbrun.

- Tilsæt de resterende ingredienser. Lad det simre i 15 minutter. Serveres varm.

Badshahi Baingan

(Aubergine i kongelig stil)

Til 4 personer

ingredienser

8 små auberginer

Salt efter smag

30 g/1 oz smør

2 store løg, skåret i skiver

1 spsk cashewnødder

1 spsk rosiner

1 tsk ingefærpasta

1 tsk hvidløgspasta

1 tsk stødt koriander

1 tsk garam masala

¼ tsk gurkemeje

200 g/7 oz yoghurt

1 tsk korianderblade, hakket

Metode

- Skær auberginerne i halve på langs. Gnid salt på dem og stil dem til side i 10 minutter. Klem overskydende fugt ud og sæt til side igen.

- Varm ghee op i en gryde. Tilsæt løg, cashewnødder og rosiner. Steg dem ved middel varme til de er gyldne. Dræn og reserver.

- Tilsæt auberginerne i samme ghee og steg dem ved middel varme, indtil de er møre. Dræn og reserver.

- Tilføj ingefærpasta og hvidløgspasta til den samme ghee. Steg i et minut. Rør sammen med de resterende ingredienser. Kog i 7-8 minutter ved middel varme.

- Tilsæt auberginerne. Lad det simre i 2 minutter. Pynt med stegte løg, cashewnødder og rosiner. Serveres varm.

Kartofler i Garam Masala

Til 4 personer

ingredienser

3 spiseskefulde raffineret vegetabilsk olie

1 stort løg, finthakket

10 fed hvidløg, finthakket

½ tsk gurkemeje

1 tsk garam masala

Salt efter smag

3 store kartofler, kogte og skåret i tern

240 ml/6 fl oz vand

Metode

- Varm olien op i en gryde. Tilsæt løg og hvidløg. Steg i 2 minutter.
- Tilsæt de resterende ingredienser og bland godt. Serveres varm.

Tamilsk Korma

(Tamilske blandede grøntsager)

Til 4 personer

ingredienser

4 spiseskefulde raffineret vegetabilsk olie

1 tsk spidskommen frø

2 store kartofler, hakkede

2 store gulerødder, hakket

100 g hakkede grønne bønner

Salt efter smag

Til krydderiblandingen:

100 g/3½ oz frisk kokosnød, revet

4 grønne chilier

100 g/3½ oz hakkede korianderblade

1 tsk valmuefrø

1 tsk ingefærpasta

1 tsk gurkemeje

Metode

- Kværn alle ingredienserne til krydderiblandingen, indtil du får en jævn pasta. Sæt til side.

- Varm olien op. Tilsæt spidskommen frøene. Lad dem syde i 15 sekunder.

- Tilsæt de resterende ingredienser og den malede krydderiblanding. Kog i 15 minutter ved lav varme, rør af og til. Serveres varm.

Tørret aubergine med løg og kartoffel

Til 4 personer

ingredienser

3 spiseskefulde raffineret vegetabilsk olie

1 tsk sennepsfrø

300 g/10 oz hakkede auberginer

¼ tsk gurkemeje

3 små løg, finthakket

2 store kartofler, kogte og skåret i tern

1 tsk chilipulver

1 tsk amchoor*

Salt efter smag

Metode

- Varm olien op i en gryde. Tilsæt sennepsfrø. Lad dem syde i 15 sekunder.
- Tilsæt auberginerne og gurkemeje. Steg ved svag varme i 10 minutter.

- Tilsæt de resterende ingredienser. Bland godt. Dæk med låg og lad det simre i 10 minutter. Serveres varm.

Koftas Lajawab

(Ost Empanadas i sauce)

Til 4 personer

ingredienser

3 spiseskefulde raffineret vegetabilsk olie

3 store løg, revet

2,5 cm/1 tomme ingefærrod, malet

3 tomater, purerede

1 tsk gurkemeje

Salt efter smag

120 ml/4 fl oz vand

Til koftaerne:

400 g/14 oz cheddarost, revet

250 g/9 oz majsmel

½ tsk friskkværnet sort peber

1 tsk garam masala

Salt efter smag

Raffineret vegetabilsk olie til stegning

Metode

- Bland alle kofta ingredienser undtagen olie sammen. Del i kugler på størrelse med valnød. Varm olien op i en gryde. Tilsæt koftaerne. Steg dem ved middel varme til de er gyldne. Dræn og reserver.

- Varm 3 spsk olie op i en gryde. Tilsæt løgene og steg til de er gyldne.

- Tilsæt de resterende ingredienser og bland godt. Kog i 8 minutter, rør af og til. Tilsæt koftas til denne sovs og server varm.

Teekha Baingan Masala

(Varm Aubergine)

Til 4 personer

ingredienser

2 spiseskefulde raffineret vegetabilsk olie

3 store løg, hakket

10 fed hvidløg, knust

2,5 cm/1 tomme ingefærrod, revet

1 tsk tamarindpasta

2 spsk garam masala

Salt efter smag

500 g/1 lb 2 oz små auberginer, hakket

Metode

- Varm 2 spsk olie op i en gryde. Tilsæt løgene. Steg ved middel varme i 3 minutter. Tilsæt hvidløg, ingefær, tamarind, garam masala og salt. Bland godt.
- Tilsæt auberginerne. Bland godt. Dæk med låg og lad det simre i 15 minutter, mens der røres af og til. Serveres varm.

Grøntsag Kofta

(Grøntsags-empanadas i cremet sauce)

Til 4 personer

ingredienser

6 store kartofler, skrællet og hakket

3 store gulerødder, skrællet og hakket

Salt efter smag

Mel til belægning

2 spsk raffineret vegetabilsk olie plus ekstra til stegning

3 store løg, skåret i tynde skiver

4 fed hvidløg, finthakket

2,5 cm/1 tomme ingefærrod, finthakket

4 tænder, slebet

½ tsk gurkemeje

2 tomater, purerede

1 tsk chilipulver

4 spsk dobbelt creme

25 g/1 oz korianderblade, hakket

Metode

- Kog kartofler og gulerødder i saltet vand i 15 minutter. Dræn og gem bouillonen. Tilsæt salt til grøntsagerne og mos dem.

- Fordel puréen i citronstore kugler. Overtræk med mel og steg koftaerne i olien ved middel varme, indtil de er gyldenbrune. Sæt til side.

- Varm 2 spsk olie op i en gryde. Tilsæt løg, hvidløg, ingefær, nelliker og gurkemeje. Steg ved middel varme i 4-5 minutter. Tilsæt tomater, chilipulver og grøntsagsbouillon. Lad det simre i 4 minutter.

- Tilsæt koftaerne. Pynt med fløde og korianderblade. Serveres varm.

tørret græskar

Til 4 personer

ingredienser

3 spiseskefulde raffineret vegetabilsk olie

1 tsk spidskommen frø

¼ tsk gurkemeje

¾ teskefuld malet koriander

Salt efter smag

750g/1lb 10oz hakket græskar

60 ml/2 flydende ounces vand

Metode

- Varm olien op i en gryde. Tilsæt spidskommen og gurkemeje. Lad dem syde i 15 sekunder.
- Tilsæt de resterende ingredienser. Bland godt. Dæk med låg og lad det simre i 15 minutter. Serveres varm.

Blandede grøntsager med bukkehorn

Til 4 personer

ingredienser

4-5 spiseskefulde raffineret vegetabilsk olie

1 tsk sennepsfrø

½ tsk bukkehornsfrø

2 store løg, finthakket

2 store søde kartofler i tern

4 små auberginer i tern

2 store grønne peberfrugter i tern

3 store kartofler, skåret i tern

100 g hakkede grønne bønner

½ tsk gurkemeje

1 tsk chilipulver

2 spsk tamarindpasta

1 spsk korianderblade, hakket

8-10 karryblade

1 tsk sukker

Salt efter smag

750 ml/1¼ pints vand

Metode

- Varm olien op i en gryde. Tilsæt sennep og bukkehornsfrø. Lad dem syde i 15 sekunder. Tilsæt løgene. Steg indtil gennemsigtigt.
- Tilsæt de resterende ingredienser undtagen vand. Bland godt. Tilsæt vandet. Lad det simre i 20 minutter. Serveres varm.

dum gobhi

(Langsomt kogt blomkål)

Til 4 personer

ingredienser

2,5 cm/1 tomme ingefærrod, skåret i julien

2 tomater, fint hakkede

¼ tsk gurkemeje

1 spsk yoghurt

½ tsk garam masala

Salt efter smag

800 g/1¾lb blomkålsbuketter

Metode

- Bland alle ingredienserne, undtagen blomkålsbuketter.
- Læg blomkålsbuketter i en gryde og hæld denne blanding over toppen. Dæk med låg og lad det simre i 20 minutter, mens der røres af og til. Serveres varm.

chhole

(kikærte karry)

5 portioner

ingredienser

375 g/13 oz kikærter, udblødt natten over

1 liter/1¾ pints vand

Salt efter smag

1 tomat, finthakket

3 små løg, finthakket

1½ spsk korianderblade, finthakket

2 spiseskefulde raffineret vegetabilsk olie

1 tsk spidskommen frø

1 tsk ingefærpasta

1 tsk hvidløgspasta

2 laurbærblade

1 tsk sukker

1 tsk chilipulver

½ tsk gurkemeje

1 spiseskefuld smør

4 grønne chili, skåret på langs

½ tsk stødt kanel

½ tsk stødt nelliker

Saft af 1 citron

Metode

- Bland kikærterne med halvdelen af vandet og salt. Kog denne blanding i en gryde ved middel varme i 30 minutter. Fjern fra varmen og afdryp kikærter.

- Kværn 2 spsk kikærter med halvdelen af tomaten, et løg og halvdelen af korianderbladene, indtil du får en fin pasta. Sæt til side.

- Varm olien op i en stor stegepande. Tilsæt spidskommen frøene. Lad dem syde i 15 sekunder.

- Tilsæt de resterende løg, ingefærpasta og hvidløgspasta. Steg denne blanding ved middel varme, indtil løgene er gyldenbrune.

- Tilsæt den resterende tomat sammen med laurbærblade, sukker, chilipulver, gurkemeje og tomat- og kikærtepasta. Steg denne blanding ved middel varme i 2-3 minutter.

- Tilsæt de resterende kikærter med det resterende vand. Lad det simre i 8-10 minutter. Sæt til side.

- Varm gheen op i en lille gryde. Tilsæt grønne chili, stødt kanel og nelliker. Lad dem syde i 30 sekunder. Hæld denne blanding over kikærterne. Bland godt.

Drys limesaften og de resterende korianderblade over chholet. Serveres varm.

Aubergine karry med løg og kartoffel

Til 4 personer

ingredienser

3 spiseskefulde raffineret vegetabilsk olie

2 store løg, finthakket

1 tsk ingefærpasta

1 tsk hvidløgspasta

1 tsk stødt koriander

1 tsk stødt spidskommen

1 tsk chilipulver

¼ tsk gurkemeje

120 ml/4 fl oz vand

Salt efter smag

250 g/9 oz små auberginer

250 g babykartofler, skåret i halve

50 g/1¾oz korianderblade, finthakket

Metode

- Varm olien op i en gryde. Tilsæt løgene. Steg til de bliver gennemsigtige.
- Tilsæt de resterende ingredienser undtagen korianderblade. Bland godt. Lad det simre i 15 minutter.
- Pynt med korianderblade. Serveres varm.

Simpel flaske græskar

Til 4 personer

ingredienser

½ spiseskefuld smør

1 tsk spidskommen frø

2 grønne chili, skåret på langs

750g/1lb 10oz flaske græskar*, Hakket op

Salt efter smag

120 ml/4 fl oz mælk

1 spsk dehydreret kokosnød

10g/¼oz korianderblade, finthakket

Metode

- Varm ghee op i en gryde. Tilsæt spidskommen og grønne chilier. Lad dem syde i 15 sekunder.
- Tilsæt græskar, salt og mælk. Lad det simre i 10-12 minutter.
- Tilsæt de resterende ingredienser. Bland godt. Serveres varm.

Blandet grøntsagskarry

Til 4 personer

ingredienser

3 spiseskefulde raffineret vegetabilsk olie

1 tsk spidskommen frø

1 tsk stødt koriander

½ tsk stødt spidskommen

1 tsk chilipulver

¼ tsk gurkemeje

½ tsk sukker

1 gulerod, skåret i strimler

1 stor kartoffel, skåret i tern

200 g hakkede grønne bønner

50 g/1¾oz blomkålsbuketter

Salt efter smag

200 g/7 oz tomatpuré

120 ml/4 fl oz vand

10g/¼oz korianderblade, finthakket

Metode

- Varm olien op i en gryde. Tilsæt spidskommen, stødt koriander og stødt spidskommen. Lad dem syde i 15 sekunder.

- Tilsæt de resterende ingredienser undtagen korianderblade. Bland godt. Lad det simre i 15 minutter.

- Pynt karryen med korianderblade. Serveres varm.

Tørrede blandede grøntsager

Til 4 personer

ingredienser

3 spiseskefulde raffineret vegetabilsk olie

1 tsk spidskommen frø

1 tsk stødt koriander

½ tsk stødt spidskommen

¼ tsk gurkemeje

1 gulerod, finthakket

1 stor kartoffel, skåret i tern

200 g hakkede grønne bønner

60 g/2 oz blomkålsbuketter

Salt efter smag

120 ml/4 fl oz vand

10 g/¼oz hakkede korianderblade

Metode

- Varm olien op i en gryde. Tilsæt spidskommen frø. Lad dem syde i 15 sekunder.
- Tilsæt de resterende ingredienser undtagen korianderblade. Bland godt og kog i 15 minutter ved lav varme.
- Pynt med korianderblade og server varm.

Tørrede kartofler og ærter

Til 4 personer

ingredienser

3 spiseskefulde raffineret vegetabilsk olie

1 tsk spidskommen frø

½ tsk gurkemeje

1 tsk garam masala

2 store kartofler, kogte og skåret i tern

400 g/14 oz kogte ærter

Salt efter smag

Metode

- Varm olien op i en gryde. Tilsæt spidskommen og gurkemeje. Lad dem syde i 15 sekunder.
- Tilsæt de resterende ingredienser. Sauter ved middel varme i 5 minutter. Serveres varm.

Dhokar Dhalna

(Bengal Curry Gram)

Til 4 personer

ingredienser

300 g/10 oz chana dhal*, udblødt natten over

2 spsk sennepsolie

1 tsk spidskommen frø

Salt efter smag

5 cm/2in kanel

4 grønne kardemommebælg

6 søm

½ tsk gurkemeje

½ tsk sukker

250 ml/8 flydende ounces vand

3 store kartofler, skåret i tern og stegt

Metode

- Kværn chana dhal med nok vand til at danne en glat pasta. Sæt til side.

- Varm halvdelen af olien op i en gryde. Tilsæt halvdelen af spidskommen. Lad dem syde i 15 sekunder. Tilsæt dhal pasta og salt. Steg i 2-3 minutter. Afdryp og fordel på en stor tallerken og lad hvile. Skær i stykker på 2,5 cm. Sæt til side.

- Steg disse dhal-stykker i den resterende olie, indtil de er gyldenbrune. Sæt til side.

- I den samme olie tilsættes de resterende ingredienser, undtagen kartoflerne. Kog i 2 minutter. Tilsæt kartoflerne og dhal-stykkerne. Bland godt. Lad det simre i 4-5 minutter. Serveres varm.

Krydrede pommes frites

Til 4 personer

ingredienser

250ml/8fl oz raffineret vegetabilsk olie

3 store kartofler, skåret i tynde strimler

½ tsk chilipulver

1 tsk friskkværnet sort peber

Salt efter smag

Metode

- Varm olien op i en gryde. Tilsæt kartoffelstrimlerne. Steg dem ved middel varme til de er gyldne.
- Dræn og bland godt med de resterende ingredienser. Serveres varm.

Græskar med kogt gram

Til 4 personer

ingredienser

1 spiseskefuld raffineret vegetabilsk olie

1 tsk spidskommen frø

½ tsk gurkemeje

500 g / 1 lb 2 oz græskar, skåret i stykker

125 g/4½ oz kaala chana*, Lavede mad

1 tsk stødt koriander

1 tsk stødt spidskommen

1 tsk chilipulver

Salt efter smag

120 ml/4 fl oz vand

10g/¼oz korianderblade, finthakket

Metode

- Varm olien op i en gryde. Tilsæt spidskommen og gurkemeje. Lad dem syde i 15 sekunder.
- Tilsæt de resterende ingredienser undtagen vand og korianderblade. Steg blandingen ved middel varme i 2-3 minutter.
- Tilsæt vandet. Bland godt. Dæk med låg og lad det simre i 15 minutter, mens der røres af og til.
- Pynt med korianderblade. Serveres varm.

dum aloo

(Langsomt kogte kartofler)

Til 4 personer

ingredienser

1 spiseskefuld raffineret vegetabilsk olie

500 g/1 lb 2 oz baby kartofler, kogt og skrællet

Salt efter smag

1 tsk tamarindpasta

Til pastaen:

½ tsk chilipulver

¼ tsk gurkemeje

¼ tsk sorte peberkorn

2 tsk korianderfrø

1 sort kardemomme

2,5 cm/1 tomme kanel

2 søm

6 fed hvidløg

Metode

- Slib pastaens ingredienser sammen. Varm olien op i en stegepande. Tilsæt pastaen. Steg ved middel varme i 10 minutter.

- Tilsæt de resterende ingredienser. Bland godt. Kog i 8 minutter. Serveres varm.

Vegetabilsk Makkhanwala

(Grøntsager i smør)

Til 4 personer

ingredienser

120 ml/4 fl oz enkelt creme

½ tsk almindeligt hvidt mel

120 ml/4 fl oz mælk

4 spsk tomatsauce

1 spsk smør

2 store løg, finthakket

500g/1lb 2oz frosne blandede grøntsager

1 tsk garam masala

½ tsk chilipulver

Salt efter smag

Metode

- Bland fløde, mel, mælk og ketchup. Sæt til side.
- Varm smørret op i en gryde. Tilsæt løgene. Steg dem ved middel varme, indtil de bliver gennemsigtige.

- Tilsæt grøntsagerne, garam masala, chilipulver, salt og fløde- og melblanding. Bland godt. Lad det simre i 10-12 minutter. Serveres varm.

Franske bønner med Mung Dhal

Til 4 personer

ingredienser

1 spiseskefuld raffineret vegetabilsk olie

1 tsk sennepsfrø

¼ tsk gurkemeje

2 grønne chili, skåret på langs

400 g/14 oz hakkede grønne bønner

3 spsk mung dhal*, udblødt i 30 minutter og drænet

Salt efter smag

120 ml/4 fl oz vand

2 spsk korianderblade, hakket

Metode

- Varm olien op i en gryde. Tilsæt sennepsfrø, gurkemeje og grønne chili. Lad dem syde i 15 sekunder.
- Tilsæt de resterende ingredienser undtagen vand og korianderblade. Bland godt. Tilsæt vandet. Lad det simre i 15 minutter.

- Tilsæt korianderblade og server varmt.

Krydret kartoffel med yoghurtsauce

Til 4 personer

ingredienser

1 tsk besan*, blandet med 4 spsk vand

200 g/7 oz yoghurt

750g/1lb 10oz kartofler, kogt og skåret i tern

½ tsk chaat masala*

½ tsk stødt spidskommen, tørristet (semadlavningsteknikker)

½ tsk chilipulver

¼ tsk gurkemeje

1 spiseskefuld raffineret vegetabilsk olie

1 tsk hvide sesamfrø

2 tørrede røde chilier i kvarte

Salt efter smag

10g/¼oz korianderblade, finthakket

Metode

- Pisk besanpastaen sammen med yoghurten. Sæt til side.

- Bland kartoflerne med chaat masala, stødt spidskommen, chilipulver og gurkemeje. Sæt til side.

- Varm olien op i en gryde. Tilsæt sesamfrø og chilistykker. Lad dem syde i 15 sekunder.

- Tilsæt kartoflerne, yoghurtblandingen og salt. Bland godt. Lad det simre i 4-5 minutter. Pynt med korianderblade. Serveres varm.

Fyldt grøn peber

Til 4 personer

ingredienser

4 spiseskefulde raffineret vegetabilsk olie

1 stort løg, hakket

½ tsk ingefærpasta

½ tsk hvidløgspasta

1 tsk garam masala

2 store kartofler, kogte og mosede

50 g/1¾oz kogte ærter

1 lille gulerod, kogt og hakket

En knivspids asafoetida

Salt efter smag

8 små grønne peberfrugter, udkernede

Metode

- Varm ½ spsk olie i en stegepande. Tilsæt løget og steg til det er gennemsigtigt.
- Tilsæt de resterende ingredienser undtagen peberfrugt. Bland godt. Steg i 3-4 minutter.
- Fyld denne blanding i peberfrugterne. Sæt til side.
- Varm den resterende olie op i en stegepande. Tilsæt de fyldte peberfrugter. Steg dem ved svag varme i 7-10 minutter, vend dem af og til. Serveres varm.

Doi Phulkopi Aloo

(Bengali stil blomkål og kartoffel i yoghurt)

Til 4 personer

ingredienser

300 g/10 oz yoghurt

¼ tsk gurkemeje

1 tsk sukker

Salt efter smag

200 g/7 oz blomkålsbuketter

4 kartofler i tern og let stegt

2 spsk sennepsolie

5 cm/2in kanel

4 grønne kardemommebælg

6 søm

2 laurbærblade

Metode

- Bland yoghurt, gurkemeje, sukker og salt. Mariner blomkål og kartofler med denne blanding i 20 minutter.
- Varm olien op i en gryde. Steg de resterende ingredienser i 1-2 minutter.
- Tilsæt de marinerede grøntsager. Lad det simre i 6-7 minutter. Serveres varm.

Grøn peber med Besan

Til 4 personer

ingredienser

4 spiseskefulde raffineret vegetabilsk olie

½ tsk sennepsfrø

500 g/1 lb 2 oz grøn peberfrugt, udkernet og hakket

½ tsk gurkemeje

½ tsk stødt koriander

½ tsk stødt spidskommen

500g/1lb 2oz besan*, blandet med 120 ml/4 fl oz vand

1 tsk sukker

Salt efter smag

1 spsk korianderblade

Metode

- Varm olien op i en gryde. Tilsæt sennepsfrø. Lad dem syde i 15 sekunder.
- Tilsæt de grønne chilier, gurkemeje, stødt koriander og stødt spidskommen. Rør grundigt. Dæk med låg og lad det simre i 5-7 minutter.

- Tilsæt besan, sukker og salt. Rør indtil besanen dækker peberfrugterne. Pynt med korianderblade. Serveres varm.

aubergine med ærter

Til 4 personer

ingredienser

2 spiseskefulde raffineret vegetabilsk olie

½ tsk sennepsfrø

En knivspids asafoetida

½ tsk gurkemeje

2 store løg, finthakket

2 tomater, fint hakkede

1 tsk sukker

Salt efter smag

120 ml/4 fl oz vand

300 g/10 oz små auberginer, hakket

400 g/14 oz friske grønne ærter

25 g/ca. 1 oz korianderblade

Metode

- Varm olien op i en gryde. Tilsæt sennepsfrø, asafoetida og gurkemeje. Lad dem syde i 15 sekunder.

- Tilsæt løgene. Steg til de er gyldenbrune. Tilsæt tomater, sukker, salt, vand, auberginer og ærter. Bland godt. Dæk med låg. Lad det simre i 10 minutter.

- Pynt med korianderblade. Serveres varm.

Bandakopir Ghonto

(Kål i bengalsk stil med ærter)

Til 4 personer

ingredienser

2 spsk sennepsolie

1 tsk spidskommen frø

4 grønne chili, hakket

½ tsk gurkemeje

1 tsk sukker

150 g/5½ oz kål, i tynde skiver

400 g/14 oz frosne ærter

Salt efter smag

¼ tsk stødt kanel

¼ tsk stødt kardemomme

¼ teskefuld stødt nelliker

Metode

- Varm olien op i en gryde. Tilsæt spidskommen og grønne chilier. Lad dem syde i 15 sekunder.

- Tilsæt gurkemeje, sukker, kål, ærter og salt. Bland godt. Dæk med låg og lad det simre i 8-10 minutter.

- Pynt med stødt kanel, kardemomme og nelliker. Serveres varm.

Bhaja Mashlar startede

(Stegt Aubergine Masala)

Til 4 personer

ingredienser

4 spsk sennepsolie

3 tørrede røde chilier

¼ tsk bukkehornsfrø

400 g/14 oz lange auberginer, skåret i tern

2 grønne chili, finthakket

200 g græsk yoghurt

1 tsk sukker

½ tsk gurkemeje

1 tsk stødt spidskommen, tørristet (se madlavningsteknikker)

Salt efter smag

Metode

- Varm olien op i en gryde. Tilsæt røde chili og bukkehornsfrø. Lad dem syde i 15 sekunder.
- Tilsæt auberginerne og de grønne chilier. Steg dem i 4-5 minutter.

- Tilsæt de resterende ingredienser. Bland godt. Lad det simre i 7-8 minutter. Serveres varm.

Zunka

(krydret kikærtemel karry)

Til 4 personer

ingredienser

750g/1lb 10oz besan*, tørsteg

400 ml/14 fluid ounces vand

4 spiseskefulde raffineret vegetabilsk olie

½ tsk sennepsfrø

½ tsk spidskommen frø

½ tsk gurkemeje

3-4 grønne chili, skåret på langs

10 fed hvidløg, knust

3 små løg, finthakket

1 tsk tamarindpasta

Salt efter smag

Metode

- Bland besanen med nok vand til at danne en tyk pasta. Sæt til side.

- Varm olien op i en gryde. Tilsæt sennep og spidskommen. Lad dem syde i 15 sekunder. Tilsæt de resterende ingredienser. Steg i et minut. Tilsæt besanpastaen og rør konstant ved svag varme, indtil den tykner. Serveres varm.

majroe karry

Til 4 personer

ingredienser

3 tsk valmuefrø

3 tsk sesamfrø

3 tsk korianderfrø

3 tsk frisk kokos, revet

125 g/4½ oz yoghurt

120 ml/4 fl oz raffineret vegetabilsk olie

2 store løg, finthakket

1½ tsk chilipulver

1 tsk ingefærpasta

1 tsk hvidløgspasta

400 g/14 oz hakkede majroer

Salt efter smag

Metode

- Tørrist valmue-, sesam- og korianderfrø og kokos i 1-2 minutter. Slib indtil du får en pasta.

- Pisk denne pasta med yoghurten. Sæt til side.

- Varm olien op i en gryde. Tilsæt de resterende ingredienser. Steg dem ved middel varme i 5 minutter. Tilsæt yoghurtblandingen. Lad det simre i 7-8 minutter. Serveres varm.

Chaner Dhalna

(paneer i bengalsk stil)

Til 4 personer

ingredienser

2 spsk sennepsolie plus ekstra til stegning

225g/8oz panel*, i tern

2,5 cm/1 tomme kanel

3 grønne kardemommebælg

4 søm

½ tsk spidskommen frø

1 tsk gurkemeje

2 store kartofler, skåret i tern og stegt

½ tsk chilipulver

2 teskefulde sukker

Salt efter smag

250 ml/8 flydende ounces vand

2 spsk korianderblade, hakket

Metode

- Varm olien op til stegning i en stegepande. Tilsæt paneer og steg ved middel varme, indtil de er gyldenbrune. Dræn og reserver.

- Varm den resterende olie op i en gryde. Tilsæt de resterende ingredienser undtagen vand og korianderblade. Steg i 2-3 minutter.

- Tilsæt vandet. Lad det simre i 7-8 minutter. Tilføj panelet. Lad det simre i 5 minutter mere. Pynt med korianderblade. Serveres varm.

Majs med kokos

Til 4 personer

ingredienser

2 spsk smør

600 g/1 lb 5 oz kogte majskerner

1 tsk sukker

1 tsk salt

10g/¼oz korianderblade, finthakket

Til kokospastaen:

50g/1¾oz frisk kokosnød, revet

3 spsk valmuefrø

1 tsk korianderfrø

2,5 cm/1 tomme ingefærrod, skåret i julien

3 grønne chilier

125 g/4½ oz jordnødder

Metode

- Kværn alle ingredienserne til kokospastaen groft. Varm ghee i en gryde. Tilsæt pastaen og steg i 4-5 minutter under konstant omrøring.

- Tilsæt majs, sukker og salt. Lad det simre i 4-5 minutter.

- Pynt med korianderblade. Serveres varm.

Grøn peber med kartoffel

Til 4 personer

ingredienser

2 spiseskefulde raffineret vegetabilsk olie

1 tsk spidskommen frø

10 fed hvidløg, finthakket

3 store kartofler, skåret i tern

2 tsk malet koriander

1 tsk stødt spidskommen

½ tsk gurkemeje

½ tsk amchoor*

½ tsk garam masala

Salt efter smag

3 store grønne peberfrugter, skåret i julien

3 spsk korianderblade, hakket

Metode

- Varm olien op i en gryde. Tilsæt spidskommen og hvidløg. Steg i 30 sekunder.

- Tilsæt de resterende ingredienser undtagen peberfrugt og korianderblade. Sauter ved middel varme i 5-6 minutter.

- Tilsæt peberfrugterne. Sauter ved svag varme i 5 minutter mere. Pynt med korianderblade. Serveres varm.

Krydrede ærter med kartofler

Til 4 personer

ingredienser

2 spiseskefulde raffineret vegetabilsk olie

1 tsk ingefærpasta

1 stort løg, finthakket

2 store kartofler, skåret i tern

500 g / 1 lb 2 oz dåseærter

½ tsk gurkemeje

Salt efter smag

½ tsk garam masala

2 store tomater i tern

½ tsk chilipulver

1 tsk sukker

1 spsk korianderblade, hakket

Metode

- Varm olien op i en gryde. Tilsæt ingefærpasta og løg. Steg dem til løget er gennemsigtigt.

- Tilsæt de resterende ingredienser undtagen korianderblade. Bland godt. Dæk med låg og lad det simre i 10 minutter.

- Pynt med korianderblade. Serveres varm.

Sauterede svampe

Til 4 personer

ingredienser

2 spiseskefulde raffineret vegetabilsk olie

4 grønne chili, skåret på langs

8 fed hvidløg, knust

100 g/3½ oz grøn peberfrugt, skåret i skiver

400 g/14 oz svampe, skåret i skiver

Salt efter smag

½ tsk groftkværnet sort peber

25 g/1 oz korianderblade, hakket

Metode

- Varm olien op i en stegepande. Tilsæt grønne chili, hvidløg og grøn peber. Steg dem ved middel varme i 1-2 minutter.

- Tilsæt svampe, salt og peber. Bland godt. Sauter ved middel varme, indtil de er møre. Pynt med korianderblade. Serveres varm.

Krydrede svampe med sukkermajs

Til 4 personer

ingredienser

2 spiseskefulde raffineret vegetabilsk olie

1 tsk spidskommen frø

2 laurbærblade

1 tsk ingefærpasta

2 grønne chili, finthakket

1 stort løg, finthakket

200 g/7 oz svampe, halveret

8-10 møre kallun, hakket

125 g/4½ oz tomatpuré

½ tsk gurkemeje

Salt efter smag

½ tsk garam masala

½ tsk sukker

10 g/¼oz hakkede korianderblade

Metode

- Varm olien op i en gryde. Tilsæt spidskommen og laurbærblade. Lad dem syde i 15 sekunder.

- Tilsæt ingefærpasta, grønne chili og løg. Sauter i 1-2 minutter.

- Tilsæt de resterende ingredienser undtagen korianderblade. Bland godt. Dæk med låg og lad det simre i 10 minutter.

- Pynt med korianderblade. Serveres varm.

tørret krydret blomkål

Til 4 personer

ingredienser

750g/1lb 10oz blomkålsbuketter

Salt efter smag

knivspids gurkemeje

4 laurbærblade

750 ml/1¼ pints vand

2 spiseskefulde raffineret vegetabilsk olie

4 søm

4 grønne kardemommebælg

1 stort løg, skåret i skiver

1 tsk ingefærpasta

1 tsk hvidløgspasta

1 tsk garam masala

½ tsk chilipulver

¼ tsk malet sort peber

10 cashewnødder, knuste

2 spsk yoghurt

3 spsk tomatpuré

3 spiseskefulde smør

60 ml/2 fl oz enkelt creme

Metode

- Kog blomkålen med salt, gurkemeje, laurbærblad og vand i en gryde ved middel varme i 10 minutter. Dræn og anret buketter i en ovnfast fad. Sæt til side.

- Varm olien op i en gryde. Tilsæt nelliker og kardemomme. Lad dem syde i 15 sekunder.

- Tilsæt løg, ingefærpasta og hvidløgspasta. Steg i et minut.

- Tilsæt garam masala, chilipulver, peber og cashewnødder. Steg i 1-2 minutter.

- Tilsæt yoghurt og tomatpuré. Bland godt. Tilsæt smør og fløde. Rør i et minut. Kom ud af ilden.

- Hæld dette over blomkålsbuketterne. Bages ved 150°C (300°F, gasmærke 2) i en forvarmet ovn i 8-10 minutter. Serveres varm.

Svampe karry

Til 4 personer

ingredienser

3 spiseskefulde raffineret vegetabilsk olie

2 store løg, revet

1 tsk ingefærpasta

1 tsk hvidløgspasta

½ tsk gurkemeje

1 tsk chilipulver

1 tsk stødt koriander

400 g/14 oz champignon, delt i kvarte

200 g/7 oz ærter

2 tomater, fint hakkede

½ tsk garam masala

Salt efter smag

20 cashewnødder, knuste

240 ml/6 fl oz vand

Metode

- Varm olien op i en gryde. Tilsæt løgene. Steg dem til de er gyldne.

- Tilsæt ingefærpasta, hvidløgspasta, gurkemeje, chilipulver og stødt koriander. Sauter ved middel varme i et minut.

- Tilsæt de resterende ingredienser. Bland godt. Dæk med låg og lad det simre i 8-10 minutter. Serveres varm.

Baingan Bharta

(Bristet aubergine)

Til 4 personer

ingredienser

1 stor aubergine

3 spiseskefulde raffineret vegetabilsk olie

1 stort løg, finthakket

3 grønne chili, skåret på langs

¼ tsk gurkemeje

Salt efter smag

½ tsk garam masala

1 tomat, finthakket

Metode

- Prik auberginen over det hele med en gaffel og steg i 25 minutter. Når det er afkølet, kasseres det ristede skind og kødet rives. Sæt til side.

- Varm olien op i en gryde. Tilsæt løg og grønne chili. Steg ved middel varme i 2 minutter.

- Tilsæt gurkemeje, salt, garam masala og tomat. Bland godt. Steg i 5 minutter. Tilsæt auberginepuréen. Bland godt.

- Lad det simre i 8 minutter under omrøring af og til. Serveres varm.

hyderabadi grøntsag

Til 4 personer

ingredienser

2 spiseskefulde raffineret vegetabilsk olie

½ tsk sennepsfrø

1 stort løg, finthakket

400 g/14 oz frosne blandede grøntsager

½ tsk gurkemeje

Salt efter smag

Til krydderiblandingen:

2,5 cm/1 tomme ingefærrod

8 fed hvidløg

2 søm

2,5 cm/1 tomme kanel

1 tsk bukkehornsfrø

3 grønne chilier

4 spsk frisk kokos, revet

10 cashewnødder

Metode

- Kværn alle ingredienserne til krydderiblandingen sammen. Sæt til side.

- Varm olien op i en gryde. Tilsæt sennepsfrø. Lad dem syde i 15 sekunder. Tilsæt løget og steg det gyldent.

- Tilsæt de resterende ingredienser og den malede krydderiblanding. Bland godt. Lad det simre i 8-10 minutter. Serveres varm.

Kaddu bhaji*

(Tørret rødt græskar)

Til 4 personer

ingredienser

3 spiseskefulde raffineret vegetabilsk olie

½ tsk spidskommen frø

¼ tsk bukkehornsfrø

600 g/1 lb 5 oz græskar, skåret i tynde skiver

Salt efter smag

½ tsk ristet stødt spidskommen

½ tsk chilipulver

¼ tsk gurkemeje

1 tsk amchoor*

1 tsk sukker

Metode

- Varm olien op i en gryde. Tilsæt spidskommen og bukkehornsfrø. Lad dem syde i 15 sekunder. Tilsæt græskar og salt. Bland godt. Dæk med låg og kog over medium varme i 8 minutter.

- Afdæk og mos let med bagsiden af en ske. Tilsæt de resterende ingredienser. Bland godt. Kog i 5 minutter. Serveres varm.

muthia nu shak

(Bukkehorns-empanadas i sauce)

Til 4 personer

ingredienser

200 g/7 oz friske bukkehornsblade, finthakket

Salt efter smag

125 g/4½ oz fuldkornshvedemel

125 g/4½ oz besan_*_

2 grønne chili, finthakket

1 tsk ingefærpasta

3 teskefulde sukker

Saft af 1 citron

½ tsk garam masala

½ tsk gurkemeje

En knivspids bagepulver

3 spiseskefulde raffineret vegetabilsk olie

½ tsk ajowan frø

½ tsk sennepsfrø

En knivspids asafoetida

250 ml/8 flydende ounces vand

Metode

- Bland bukkehornsblade med salt. Stil til side i 10 minutter. Klem fugt ud.

- Bland bukkehornsblade med mel, besan, grønne chili, ingefærpasta, sukker, citronsaft, garam masala, gurkemeje og bagepulver. Ælt til en blød dej.

- Del dejen i 30 kugler på størrelse med valnødde. Flad let for at danne muthias. Sæt til side.

- Varm olien op i en gryde. Tilsæt ajowan frø, sennepsfrø og asafoetida. Lad dem syde i 15 sekunder.

- Tilsæt muthias og vand.

- Dæk med låg og lad det simre i 10-15 minutter. Serveres varm.

Græskar Koot

(Græskar i linsekarry)

Til 4 personer

ingredienser

50g/1¾oz frisk kokosnød, revet

1 tsk spidskommen frø

2 røde chilier

150 g/5½ oz mung dhal*, udblødt i 30 minutter og drænet

2 spsk chana dhal*

Salt efter smag

500 ml/16 flydende ounce vand

2 spiseskefulde raffineret vegetabilsk olie

250 g græskar i tern

¼ tsk gurkemeje

Metode

- Kværn kokos, spidskommen og røde chili til en pasta. Sæt til side.

- Bland dhalerne med salt og vand. Kog denne blanding i en gryde ved middel varme i 40 minutter. Sæt til side.

- Varm olien op i en gryde. Tilsæt græskar, gurkemeje, kogt dhal og kokospasta. Bland godt. Lad det simre i 10 minutter. Serveres varm.

Rassa

(Blomkål og ærter i sauce)

Til 4 personer

ingredienser

2 spsk raffineret vegetabilsk olie plus ekstra til stegning

250 g/9 oz blomkålsbuketter

2 spsk frisk kokos, revet

1 cm/½in ingefærrod, knust

4-5 grønne chili, skåret på langs

2-3 tomater, finthakkede

400 g/14 oz frosne ærter

1 tsk sukker

Salt efter smag

Metode

- Varm olien op til stegning i en gryde. Tilsæt blomkålen. Steg ved middel varme, indtil de er gyldenbrune. Dræn og reserver.

- Kværn kokos, ingefær, grønne chili og tomater. Varm 2 spsk olie op i en gryde. Tilsæt denne pasta og steg i 1-2 minutter.

- Tilsæt blomkål og de resterende ingredienser. Bland godt. Lad det simre i 4-5 minutter. Serveres varm.

Doodhi Manpasand

(Zucchini i sauce)

Til 4 personer

ingredienser

3 spiseskefulde raffineret vegetabilsk olie

3 tørrede røde chilier

1 stort løg, finthakket

500g/1lb 2oz flaske græskar*, Hakket op

¼ tsk gurkemeje

2 tsk malet koriander

1 tsk stødt spidskommen

½ tsk chilipulver

½ tsk garam masala

2,5 cm/1 tomme ingefærrod, finthakket

2 tomater, fint hakkede

1 grøn peberfrugt, udkernet, kernet og finthakket

Salt efter smag

2 tsk korianderblade, finthakket

Metode

- Varm olien op i en gryde. Steg de røde chili og løg i 2 minutter.

- Tilsæt de resterende ingredienser undtagen korianderblade. Bland godt. Lad det simre i 5-7 minutter. Pynt med korianderblade. Serveres varm.

Tomat Chokha

(Tomatkompot)

Til 4 personer

ingredienser

6 store tomater

2 spiseskefulde raffineret vegetabilsk olie

1 stort løg, finthakket

8 fed hvidløg, finthakket

1 grøn chili, finthakket

½ tsk chilipulver

10g/¼oz korianderblade, finthakket

Salt efter smag

Metode

- Rist tomaterne i 10 minutter. Skræl og mos indtil du får frugtkød. Sæt til side.
- Varm olien op i en gryde. Tilsæt løg, hvidløg og grøn chili. Steg i 2-3 minutter. Tilsæt de resterende ingredienser og tomatkød. Bland godt. Dæk med låg og kog i 5-6 minutter. Serveres varm.

Baingan Chokha

(auberginekompot)

Til 4 personer

ingredienser

1 stor aubergine

2 spiseskefulde raffineret vegetabilsk olie

1 lille løg, hakket

8 fed hvidløg, finthakket

1 grøn chili, finthakket

1 tomat, finthakket

60 g/2 oz kogte majskerner

10g/¼oz korianderblade, finthakket

Salt efter smag

Metode

- Prik auberginen over det hele med en gaffel. Grill i 10-15 minutter. Skræl og mos indtil du får frugtkød. Sæt til side.

- Varm olien op i en gryde. Tilsæt løg, hvidløg og grøn chili. Steg dem ved middel varme i 5 minutter.

- Tilsæt de øvrige ingredienser og auberginemassen. Bland godt. Kog i 3-4 minutter. Serveres varm.

Blomkål og Ærtekarry

Til 4 personer

ingredienser

3 spiseskefulde raffineret vegetabilsk olie

¼ tsk gurkemeje

3 grønne chili, skåret på langs

1 tsk stødt koriander

2,5 cm/1 tomme ingefærrod, revet

250 g/9 oz blomkålsbuketter

400 g/14 oz friske grønne ærter

60 ml/2 flydende ounces vand

Salt efter smag

1 spsk korianderblade, finthakket

Metode

- Varm olien op i en gryde. Tilsæt gurkemeje, grønne chili, malet koriander og ingefær. Steg ved middel varme i et minut.
- Tilsæt de resterende ingredienser undtagen korianderblade. Bland godt og kog ved svag varme i 10 minutter.

- Pynt med korianderblade. Serveres varm.

Aloo Methi ki Sabzi

(Karry og bukkehorn karry)

Til 4 personer

ingredienser

100 g/3½ oz hakkede bukkehornsblade

Salt efter smag

4 spiseskefulde raffineret vegetabilsk olie

1 tsk spidskommen frø

5-6 grønne chilier

¼ tsk gurkemeje

En knivspids asafoetida

6 store kartofler, kogte og hakkede

Metode

- Bland bukkehornsblade med salt. Stil til side i 10 minutter.
- Varm olien op i en gryde. Tilsæt spidskommen, chili og gurkemeje. Lad dem syde i 15 sekunder.
- Tilsæt de resterende ingredienser og bukkehornsblade. Bland godt. Kog i 8-10 minutter ved svag varme. Serveres varm.

Bittersøde Karela

Til 4 personer

ingredienser

500g/1lb 2oz bitre græskar*

Salt efter smag

750 ml/1¼ pints vand

1 cm/½in ingefærrod

10 fed hvidløg

4 store løg, hakket

4 spiseskefulde raffineret vegetabilsk olie

En knivspids asafoetida

½ tsk gurkemeje

1 tsk stødt koriander

1 tsk stødt spidskommen

1 tsk tamarindpasta

2 spsk brun farin*, revet

Metode

- Skræl de bitre græskar. Skær og blød i saltvand i 1 time. Skyl og pres overskydende vand ud. Vask og reserver.

- Kværn ingefær, hvidløg og løg til en pasta. Sæt til side.

- Varm olien op i en gryde. Tilsæt asafoetida. Lad det syde i 15 sekunder. Tilsæt løg-ingefærpasta og de resterende ingredienser. Bland godt. Steg i 3-4 minutter. Tilsæt bitre græskar. Bland godt. Dæk med låg og lad det simre i 8-10 minutter. Serveres varm.

Karela Koshimbir

(Sprød knust bitter græskar)

 Til 4 personer

ingredienser

500g/1lb 2oz bitre græskar*, blottet

Salt efter smag

Raffineret vegetabilsk olie til stegning

2 mellemstore løg, hakket

50 g/1¾oz hakkede korianderblade

3 grønne chili, finthakket

½ frisk kokos, revet

1 spsk citronsaft

Metode

- Skær de bitre græskar. Gnid saltet på dem og lad det sidde i 2-3 timer.
- Varm olien op i en gryde. Tilsæt bitre græskar og steg ved middel varme, indtil de er gyldne og sprøde. Dræn, afkøl let og mos med fingrene.

- Bland de resterende ingredienser i en skål. Tilsæt squashen og server mens den stadig er varm.

Karela Curry

(bitter græskar karry)

Til 4 personer

ingredienser

½ kokosnød

2 røde chilier

1 tsk spidskommen frø

3 spiseskefulde raffineret vegetabilsk olie

1 knivspids asafoetida

2 store løg, finthakket

2 grønne chili, finthakket

Salt efter smag

½ tsk gurkemeje

500g/1lb 2oz bitre græskar*, skrællet og hakket

2 tomater, fint hakkede

Metode

- Riv halvdelen af kokosen og hak resten. Sæt til side.
- Tørsteg (se madlavningsteknikker) revet kokos, rød chili og spidskommen. Afkøl og mal indtil du får en fin pasta. Sæt til side.
- Varm olien op i en stegepande. Tilsæt asafoetida, løg, grønne chili, salt, gurkemeje og hakket kokosnød. Steg i 3 minutter under jævnlig omrøring.
- Tilsæt bitre græskar og tomater. Kog i 3-4 minutter.
- Tilsæt malet kokospasta. Kog i 5-7 minutter og server varm.

blomkål med chili

Til 4 personer

ingredienser

3 spiseskefulde raffineret vegetabilsk olie

5 cm/2 tommer ingefærrod, finthakket

12 fed hvidløg, finthakket

1 blomkål, skåret i buketter

5 røde chilier, skåret i kvarte og frøet

6 forårsløg, halveret

3 tomater, blancheret og hakket

Salt efter smag

Metode

- Varm olien op i en gryde. Tilsæt ingefær og hvidløg. Steg ved middel varme i et minut.
- Tilsæt blomkål og rød chili. Sauter i 5 minutter.
- Tilsæt de resterende ingredienser. Bland godt. Lad det simre i 7-8 minutter. Serveres varm.

valnød karry

Til 4 personer

ingredienser

4 spiseskefulde smør

10g/¼oz cashewnødder

10g/¼oz blancherede mandler

10-12 peanuts

5-6 rosiner

10 pistacienødder

10 valnødder, hakket

2,5 cm/1 tomme ingefærrod, revet

6 fed hvidløg, knust

4 små løg, finthakket

4 tomater, fint hakkede

4 dadler, udsået og skåret i skiver

½ tsk gurkemeje

125 g/4½ oz khoya*

1 tsk garam masala

Salt efter smag

75 g/2½ cheddarost, revet

1 spsk korianderblade, hakket

Metode

- Varm gheen op i en gryde. Tilsæt alle valnødderne og steg ved middel varme, indtil de er gyldenbrune. Dræn og reserver.
- I den samme ghee steges ingefær, hvidløg og løg, indtil de er gyldenbrune.
- Tilsæt stegte nødder og alle resterende ingredienser undtagen ost og korianderblade. Dæk med låg. Lad det simre i 5 minutter.
- Pynt med ost og korianderblade. Serveres varm.

Daikon forlader Bhaaji

Til 4 personer

ingredienser

2 spiseskefulde raffineret vegetabilsk olie

¼ teskefuld stødt spidskommen

2 røde chili, skåret i små stykker

En knivspids asafoetida

400 g/14 oz daikon blade*, Hakket op

300 g/10 oz chana dhal*, udblødt i 1 time

1 tsk brun farin*, revet

¼ tsk gurkemeje

Salt efter smag

Metode

- Varm olien op i en gryde. Tilsæt spidskommen, røde chilier og asafoetida.
- Lad dem syde i 15 sekunder. Tilsæt de resterende ingredienser. Bland godt. Lad det simre i 10-15 minutter. Serveres varm.

Chole Aloo

(kikærter og kartoffel karry)

Til 4 personer

ingredienser

500 g/1 lb 2 oz kikærter, udblødt natten over

En knivspids bagepulver

Salt efter smag

1 liter/1¾ pints vand

3 spiseskefulde smør

2,5 cm/1 tomme ingefærrod, skåret i julien

2 store løg, revet, plus 1 lille løg, skåret i skiver

2 tomater, i tern

1 tsk garam masala

1 tsk stødt spidskommen, tørristet (se madlavningsteknikker)

½ tsk malet grøn kardemomme

½ tsk gurkemeje

2 store kartofler, kogte og skåret i tern

2 tsk tamarindpasta

1 spsk korianderblade, hakket

Metode

- Kog kikærterne med natron, salt og vand i en gryde ved middel varme i 45 minutter. Dræn og reserver.
- Varm ghee op i en gryde. Tilsæt ingefær og revet løg. Steg indtil gennemsigtigt. Tilsæt de resterende ingredienser undtagen korianderblade og hakket løg. Bland godt. Tilsæt kikærterne og kog i 7-8 minutter.
- Pynt med korianderblade og hakket løg. Serveres varm.

peanut curry

Til 4 personer

ingredienser

1 tsk valmuefrø

1 tsk korianderfrø

1 tsk spidskommen frø

2 røde chilier

25 g/små 1 oz frisk kokosnød, revet

3 spiseskefulde smør

2 små løg, revet

900g/2lb jordnødder, knust

1 tsk amchoor*

½ tsk gurkemeje

1 stor tomat, blancheret og hakket

2 tsk brun farin*, revet

500 ml/16 flydende ounce vand

Salt efter smag

15 g/½ oz hakkede korianderblade

Metode

- Mal valmuefrø, korianderfrø, spidskommen, røde chilier og kokos til en fin pasta. Sæt til side.
- Varm ghee op i en gryde. Tilsæt løgene. Steg indtil gennemsigtigt.
- Tilsæt jordmassen og de øvrige ingredienser undtagen korianderbladene. Bland godt. Lad det simre i 7-8 minutter.
- Pynt med korianderblade. Serveres varm.

French Bean Upkari

(Bønner med kokos)

Til 4 personer

ingredienser

1 spiseskefuld raffineret vegetabilsk olie

½ tsk sennepsfrø

½ tsk urad dhal*

2-3 røde chili, delt

500g/1lb 2oz hakkede grønne bønner

1 tsk brun farin*, revet

Salt efter smag

25 g/små 1 oz frisk kokosnød, revet

Metode

- Varm olien op i en gryde. Tilsæt sennepsfrø. Lad dem syde i 15 sekunder.
- Tilsæt dhal. Steg til de er gyldne. Tilsæt de resterende ingredienser undtagen kokos. Bland godt. Lad det simre i 8-10 minutter.
- Pynt med kokos. Serveres varm.

Karatey Ambadey

(Bitter græskar og grøn mango karry)

Til 4 personer

ingredienser

250 g/9 oz bitter græskar*, skåret i skiver

Salt efter smag

60 g/2 oz brun farin*, revet

1 tsk raffineret vegetabilsk olie

4 tørrede røde chilier

1 tsk urad dhal*

1 tsk bukkehornsfrø

2 tsk korianderfrø

50g/1¾oz frisk kokosnød, revet

¼ tsk gurkemeje

4 små umodne mangoer

Metode

- Gnid de bitre græskarstykker med saltet. Stil til side i en time.

- Pres vandet fra græskarstykkerne. Kog dem i en gryde med jaggery ved middel varme i 4-5 minutter. Sæt til side.

- Varm olien op i en gryde. Tilsæt røde chili, dhal, bukkehorn og korianderfrø. Steg i et minut. Tilsæt bitter græskar og de resterende ingredienser. Bland godt. Lad det simre i 4-5 minutter. Serveres varm.

Kadhai Panir

(krydret brød)

Til 4 personer

ingredienser

2 spiseskefulde raffineret vegetabilsk olie

1 stort løg, skåret i skiver

3 store grønne peberfrugter, finthakket

500g/1lb 2oz panel*, skåret i 2,5 cm/1 tomme stykker

1 tomat, finthakket

¼ teskefuld malet koriander, tørristet (semadlavningsteknikker)

Salt efter smag

10 g/¼oz hakkede korianderblade

Metode

- Varm olien op i en gryde. Tilsæt løg og peberfrugt. Steg ved middel varme i 2-3 minutter.

- Tilsæt de resterende ingredienser undtagen korianderblade. Bland godt. Lad det simre i 5 minutter. Pynt med korianderblade. Serveres varm.

kathirikkai vangi

(Sydindisk brinjal karry)

Til 4 personer

ingredienser

150 g/5½ oz masor dhal*

Salt efter smag

¼ tsk gurkemeje

500 ml/16 flydende ounce vand

250 g/9 oz tynde auberginer, skåret i skiver

1 tsk raffineret vegetabilsk olie

¼ tsk sennepsfrø

1 tsk tamarindpasta

8-10 karryblade

1 tsk sambhar pulver*

Metode

- Bland masoor dhal med salt, en knivspids gurkemeje og halvdelen af vandet. Kog i en gryde ved middel varme i 40 minutter. Sæt til side.

- Kog auberginerne med salt og resten af gurkemeje og vand i en anden gryde ved middel varme i 20 minutter. Sæt til side.

- Varm olien op i en gryde. Tilsæt sennepsfrø. Lad dem syde i 15 sekunder. Tilsæt de resterende ingredienser, dhal og brinjal. Bland godt. Lad det simre i 6-7 minutter. Serveres varm.

Pitla

(krydret kikærtemel karry)

Til 4 personer

ingredienser

250 g/9 oz besan*

500 ml/16 flydende ounce vand

2 spiseskefulde raffineret vegetabilsk olie

¼ tsk sennepsfrø

2 store løg, finthakket

6 fed hvidløg, knust

2 spsk tamarindpasta

1 tsk garam masala

Salt efter smag

1 spsk korianderblade, hakket

Metode

- Bland besan og vand. Sæt til side.
- Varm olien op i en gryde. Tilsæt sennepsfrø. Lad dem syde i 15 sekunder. Tilsæt løg og hvidløg. Steg til løgene er gyldne.
- Tilsæt besanpasta. Kog ved svag varme, indtil det begynder at koge.
- Tilsæt de resterende ingredienser. Lad det simre i 5 minutter. Serveres varm.

blomkål masala

Til 4 personer

ingredienser

1 stort parboiled blomkål (se<u>madlavningsteknikker</u>) i saltvand

3 spiseskefulde raffineret vegetabilsk olie

2 spsk korianderblade, finthakket

1 tsk stødt koriander

½ tsk stødt spidskommen

¼ teskefuld malet ingefær

Salt efter smag

120 ml/4 fl oz vand

Til saucen:

200 g/7 oz yoghurt

1 spsk besan*, tørstegt (se<u>madlavningsteknikker</u>)

¾ tsk chilipulver

Metode

- Dræn blomkålen og skær den i buketter.
- Varm 2 spsk olie op i en stegepande. Tilsæt blomkålen og steg ved middel varme, indtil den er gyldenbrun. Sæt til side.
- Bland alle sauce ingredienser.
- Opvarm 1 spsk olie i en gryde og tilsæt denne blanding. Steg i et minut.
- Dæk med låg og lad det simre i 8-10 minutter.
- Tilsæt blomkålen. Bland godt. Lad det simre i 5 minutter.
- Pynt med korianderblade. Serveres varm.

Shukna Kacha Pepe

(Grøn papaya karry)

Til 4 personer

ingredienser

150 g/5½ oz chana dhal*, udblødt natten over, drænet og malet til en pasta

3 spiseskefulde raffineret vegetabilsk olie plus til stegning

2 hele tørrede røde chilier

½ tsk bukkehornsfrø

½ tsk sennepsfrø

1 umoden papaya, skrællet og revet

1 tsk gurkemeje

1 skefuld sukker

Salt efter smag

Metode

- Del dhal-pastaen i kugler på størrelse med valnød. Flad til tynde skiver.
- Varm olien op til stegning i en stegepande. Tilføj diskene. Steg ved middel varme, indtil de er gyldenbrune. Afdryp og del i små stykker. Sæt til side.
- Varm den resterende olie op i en gryde. Tilsæt chili, bukkehorn og sennepsfrø. Lad dem syde i 15 sekunder.
- Tilsæt de resterende ingredienser. Bland godt. Dæk med låg og lad det simre i 8-10 minutter. Tilsæt dhal-stykkerne. Bland godt og server.

tørret okra

Til 4 personer

ingredienser

3 spsk sennepsolie

½ tsk kalonji frø*

750g/1lb 10oz okra, skåret på langs

Salt efter smag

½ tsk chilipulver

½ tsk gurkemeje

2 teskefulde sukker

3 tsk malet sennep

1 spsk tamarindpasta

Metode

- Varm olien op i en gryde. Steg løgfrø og okra i 5 minutter.
- Tilsæt salt, chilipulver, gurkemeje og sukker. Dæk med låg. Lad det simre i 10 minutter.
- Tilsæt de resterende ingredienser. Bland godt. Kog i 2-3 minutter. Serveres varm.

moghlai blomkål

Til 4 personer

ingredienser

5 cm/2in ingefærrod

2 tsk spidskommen frø

6-7 sorte peberkorn

500g/1lb 2oz blomkålsbuketter

Salt efter smag

2 spsk smør

2 laurbærblade

200 g/7 oz yoghurt

500 ml/16 fl oz kokosmælk

1 tsk sukker

Metode

- Kværn ingefær, spidskommen og peberkorn til en fin masse.
- Mariner blomkålsbuketter med denne pasta og salt i 20 minutter.
- Varm gheen op i en gryde. Tilsæt buketter. Steg til de er gyldne. Tilsæt de resterende ingredienser. Bland

godt. Dæk med låg og lad det simre i 7-8 minutter.
Serveres varm.

Bhapa Shorshe Baingan

(Aubergine i sennepssauce)

Til 4 personer

ingredienser

2 lange auberginer

Salt efter smag

¼ tsk gurkemeje

3 spiseskefulde raffineret vegetabilsk olie

3 spsk sennepsolie

2-3 spsk tilberedt sennep

1 spsk korianderblade, finthakket

1-2 grønne chilier, finthakket

Metode

- Skær hver aubergine på langs i 8-12 stykker. Mariner med salt og gurkemeje i 5 minutter.

- Varm olien op i en gryde. Tilsæt aubergineskiverne og dæk med låg. Kog ved middel varme i 3-4 minutter, vend af og til.

- Pisk sennepsolien med den tilberedte sennep og tilsæt auberginerne. Bland godt. Kog over medium varme i et minut.

- Pynt med korianderblade og grønne chili. Serveres varm.

Bagte grøntsager i krydret sauce

Til 4 personer

ingredienser

2 smørskeer

4 fed hvidløg, finthakket

1 stort løg, finthakket

1 spsk almindeligt hvidt mel

200 g/7 oz frosne blandede grøntsager

Salt efter smag

1 tsk chilipulver

1 tsk sennepspasta

250 ml/8 fl oz tomatsauce

4 store kartofler, kogte og skåret i skiver

250ml/8fl oz hvid sauce

4 spsk revet cheddarost

Metode

- Varm smørret op i en gryde. Tilsæt hvidløg og løg. Steg indtil gennemsigtigt. Tilsæt melet og steg i et minut.

- Tilsæt grøntsagerne, salt, chilipulver, sennepspasta og ketchup. Kog ved middel varme i 4-5 minutter. Sæt til side.

- Smør en bradepande. Anret grøntsagsblandingen og kartoflerne i skiftende lag. Hæld den hvide sauce og ost ovenpå.

- Bages i en 200°C (400°F, gasmærke 6) ovn i 20 minutter. Serveres varm.

velsmagende tofu

Til 4 personer

ingredienser

2 spiseskefulde raffineret vegetabilsk olie

3 små løg, revet

1 tsk ingefærpasta

1 tsk hvidløgspasta

3 tomater, purerede

50g/1¾oz græsk yoghurt, rystet

400 g/14 oz tofu, skåret i 2,5 cm/1in stykker

25 g/1 oz korianderblade, finthakket

Salt efter smag

Metode

- Varm olien op i en gryde. Tilsæt løg, ingefærpasta og hvidløgspasta. Sauter i 5 minutter ved middel varme.
- Tilsæt de resterende ingredienser. Bland godt. Lad det simre i 3-4 minutter. Serveres varm.

Aloo Baingan

(Kartoffel og aubergine karry)

Til 4 personer

ingredienser

3 spiseskefulde raffineret vegetabilsk olie

1 tsk sennepsfrø

½ tsk asafoetida

1 cm/½in ingefærrod, finthakket

4 grønne chili, skåret på langs

10 fed hvidløg, finthakket

6 karryblade

½ tsk gurkemeje

3 store kartofler, kogte og skåret i tern

250 g/9 oz hakkede auberginer

½ tsk amchoor*

Salt efter smag

Metode

- Varm olien op i en gryde. Tilsæt sennepsfrø og asafoetida. Lad dem syde i 15 sekunder.

- Tilsæt ingefær, grønne chili, hvidløg og karryblade. Steg i 1 minut under konstant omrøring.

- Tilsæt de resterende ingredienser. Bland godt. Dæk med låg og lad det simre i 10-12 minutter. Serveres varm.

Sød Ærte Karry

Til 4 personer

ingredienser

500g/1lb 2oz søde ærter

2 spiseskefulde raffineret vegetabilsk olie

1 tsk ingefærpasta

1 stort løg, finthakket

2 store kartofler, skrællet og skåret i tern

½ tsk gurkemeje

½ tsk garam masala

½ tsk chilipulver

1 tsk sukker

2 store tomater i tern

Salt efter smag

Metode

- Pil strengene fra kanterne af ærtebælgerne. Hak bælgerne. Sæt til side.
- Varm olien op i en gryde. Tilsæt ingefærpasta og løg. Steg indtil gennemsigtigt. Tilsæt de resterende

ingredienser og bælg. Bland godt. Dæk med låg og lad det simre i 7-8 minutter. Serveres varm.

Kartoffel og græskar karry

Til 4 personer

ingredienser

2 spiseskefulde raffineret vegetabilsk olie

1 tsk panchphoron*

En knivspids asafoetida

1 tørret rød chili, skåret i små stykker

1 laurbærblad

4 store kartofler, skåret i tern

200 g græskar i tern

½ tsk ingefærpasta

½ tsk hvidløgspasta

1 tsk stødt spidskommen

1 tsk stødt koriander

¼ tsk gurkemeje

½ tsk garam masala

1 tsk amchoor*

500 ml/16 flydende ounce vand

Salt efter smag

Metode

- Varm olien op i en gryde. Tilføj panchphoron. Lad dem syde i 15 sekunder.

- Tilsæt asafoetida, rød chili og laurbærblad. Steg i et minut.

- Tilsæt de resterende ingredienser. Bland godt. Lad det simre i 10-12 minutter. Serveres varm.

toran æg

(krydret røræg)

Til 4 personer

ingredienser

60 ml/2 fl oz raffineret vegetabilsk olie

¼ tsk sennepsfrø

2 løg, finthakket

1 stor tomat, finthakket

1 tsk friskkværnet sort peber

Salt efter smag

4 æg, pisket

25 g/små 1 oz frisk kokosnød, revet

50 g/1¾oz hakkede korianderblade

Metode

- Varm olien op i en gryde og steg sennepsfrøene. Lad dem syde i 15 sekunder. Tilsæt løgene og steg til de er gyldne. Tilsæt tomat, peber og salt. Steg i 2-3 minutter.

- Tilsæt æggene. Kog ved lav varme under konstant omrøring.

- Pynt med kokos- og korianderblade. Serveres varm.

Baingan Lajawab

(Aubergine med blomkål)

Til 4 personer

ingredienser

4 store auberginer

2 spsk raffineret vegetabilsk olie plus ekstra til stegning

1 tsk spidskommen frø

½ tsk gurkemeje

2,5 cm/1 tomme ingefærrod, malet

2 grønne chili, finthakket

1 tsk amchoor*

Salt efter smag

100 g/3½ oz frosne ærter

Metode

- Skær hver aubergine på langs og fjern frugtkødet.

- Varm olien op. Tilsæt aubergineskrællerne. Steg i 2 minutter. Sæt til side.

- Varm 2 spsk olie op i en gryde. Tilsæt spidskommen og gurkemeje. Lad dem syde i 15 sekunder. Tilsæt de øvrige ingredienser og auberginekødet. Mos let og lad det simre i 5 minutter.

- Fyld forsigtigt aubergineskallerne med denne blanding. Grill i 3-4 minutter. Serveres varm.

vegetarisk bahar

(Grøntsager i valnøddesauce)

Til 4 personer

ingredienser

3 spiseskefulde raffineret vegetabilsk olie

1 stort løg, finthakket

2 store tomater, fint hakkede

1 tsk ingefærpasta

1 tsk hvidløgspasta

20 cashewnødder, knuste

2 spsk valnødder, malede

2 spsk valmuefrø

200 g/7 oz yoghurt

100 g/3½ oz frosne blandede grøntsager

1 tsk garam masala

Salt efter smag

Metode

- Varm olien op i en gryde. Tilsæt løget. Steg ved middel varme til de er gyldne. Tilsæt tomater, ingefærpasta, hvidløgspasta, cashewnødder, valnødder og valmuefrø. Steg i 3-4 minutter.

- Tilsæt de resterende ingredienser. Kog i 7-8 minutter. Serveres varm.

Fyldte grøntsager

Til 4 personer

ingredienser

4 små kartofler

100 g/3½ oz okra

4 små auberginer

4 spiseskefulde raffineret vegetabilsk olie

½ tsk sennepsfrø

En knivspids asafoetida

Til påfyldning:

250 g/9 oz besan*

1 tsk stødt koriander

1 tsk stødt spidskommen

½ tsk gurkemeje

1 tsk chilipulver

1 tsk garam masala

Salt efter smag

Metode

- Bland alle fyldets ingredienser. Sæt til side.

- Skær kartofler, okra og aubergine. Fyld med fyldet. Sæt til side.

- Varm olien op i en gryde. Tilsæt sennepsfrø og asafoetida. Lad dem syde i 15 sekunder. Tilsæt de fyldte grøntsager. Dæk med låg og lad det simre i 8-10 minutter. Serveres varm.

singhi aloo

(trommestikker med kartofler)

Til 4 personer

ingredienser

5 spiseskefulde raffineret vegetabilsk olie

3 små løg, finthakket

3 grønne chili, finthakket

2 store tomater, fint hakkede

2 tsk malet koriander

Salt efter smag

5 indiske lår*, skåret i 7,5 cm/3in stykker

2 store kartofler, hakkede

360 ml/12 fl oz vand

Metode

- Varm olien op i en gryde. Tilsæt løg og chili. Steg dem ved svag varme i et minut.
- Tilsæt tomater, malet koriander og salt. Steg i 2-3 minutter.

- Tilsæt underlår, kartofler og vand. Bland godt. Lad det simre i 10-12 minutter. Serveres varm.

sindhi karry

Til 4 personer

ingredienser

150 g/5½ oz masor dhal*

Salt efter smag

1 liter/1¾ pints vand

4 tomater, fint hakkede

5 spiseskefulde raffineret vegetabilsk olie

½ tsk spidskommen frø

¼ tsk bukkehornsfrø

8 karryblade

3 grønne chili, skåret på langs

¼ teskefuld asafoetida

4 spsk besan*

½ tsk chilipulver

½ tsk gurkemeje

8 okraer, skåret på langs

10 franske bønner i tern

6-7 kokum_*_

1 stor gulerod, finthakket

1 stor kartoffel, skåret i tern

Metode

- Bland dhal med salt og vand. Kog denne blanding i en gryde over medium varme i 45 minutter, mens du rører lejlighedsvis.
- Tilsæt tomaterne og lad det simre i 7-8 minutter. Sæt til side.
- Varm olien op i en gryde. Tilsæt spidskommen og bukkehornsfrø, karryblade, grønne chilier og asafoetida. Lad dem syde i 30 sekunder.
- Tilsæt besanen. Steg i et minut under konstant omrøring.
- Tilsæt de resterende ingredienser og dhal blandingen. Bland godt. Lad det simre i 10 minutter. Serveres varm.

Gulnar Kofta

(Paneer bolde på spinat)

Til 4 personer

ingredienser

150 g/5½ oz blandet tørret frugt

200 g/7 oz khoya*

4 store kartofler, kogte og mosede

150 g/5½ oz muffin*, faldet fra hinanden

100 g/3½ oz cheddarost

2 tsk majsmel

Raffineret vegetabilsk olie til stegning

2 teskefulde smør

100 g/3½ oz spinat, finthakket

1 tsk flydende fløde

Salt efter smag

Til krydderiblandingen:

2 søm

1 cm/½ i kanel

3 korn sort peber

Metode

- Bland de tørre frugter med khoyaen. Sæt til side.
- Kværn alle ingredienserne til krydderiblandingen sammen. Sæt til side.
- Bland kartofler, paneer, ost og majsmel til en dej. Del dejen i kugler på størrelse med valnødde og flad i skiver. Læg en del af den tørre frugt og khoya-blanding på hver skive og forsegl som en pose.
- Glat til kugler på størrelse med valnød for at lave koftas. Sæt til side.
- Varm olien op i en stegepande. Tilsæt koftas og steg ved middel varme, indtil de er gyldenbrune. Afdryp og opbevar på en tallerken.
- Varm smørret op i en gryde. Tilsæt den malede krydderiblanding. Steg i et minut.
- Tilsæt spinat og kog i 2-3 minutter.
- Tilsæt fløde og salt. Bland godt. Hæld denne blanding over koftaerne. Serveres varm.

Paneer Korma

(Lækker paneer karry)

Til 4 personer

ingredienser

500g/1lb 2oz panel*

3 spiseskefulde raffineret vegetabilsk olie

1 stort løg, hakket

2,5 cm/1 tomme ingefærrod, skåret i julien

8 fed hvidløg, knust

2 grønne chili, finthakket

1 stor tomat, finthakket

¼ tsk gurkemeje

½ tsk stødt koriander

½ tsk stødt spidskommen

1 tsk chilipulver

½ tsk garam masala

125 g/4½ oz yoghurt

Salt efter smag

250 ml/8 flydende ounces vand

2 spsk korianderblade, finthakket

Metode

- Riv halvdelen af paneren og skær resten i 2,5 cm stykker.
- Varm olien op i en stegepande. Tilføj paneer-stykkerne. Steg dem ved middel varme, indtil de er gyldenbrune. Dræn og reserver.
- I den samme olie sauter du løg, ingefær, hvidløg og grønne chili ved middel varme i 2-3 minutter.
- Tilsæt tomaten. Steg i 2 minutter.
- Tilsæt gurkemeje, stødt koriander, stødt spidskommen, chilipulver og garam masala. Bland godt. Steg i 2-3 minutter.
- Tilsæt yoghurt, salt og vand. Bland godt. Lad det simre i 8-10 minutter.
- Tilsæt de stegte paneer-stykker. Bland godt. Lad det simre i 5 minutter.
- Pynt med revet paneer og korianderblade. Serveres varm.

Hakkede kartofler

Til 4 personer

ingredienser

100 g/3½ oz korianderblade, finthakket

4 grønne chilier

2,5 cm/1 tomme ingefærrod

7 fed hvidløg

25 g/små 1 oz frisk kokosnød, revet

1 spsk citronsaft

1 tsk spidskommen frø

1 tsk korianderfrø

½ tsk gurkemeje

½ tsk chilipulver

Salt efter smag

750 g/1 lb 10 oz store kartofler, skrællet og skåret i skiver

4 spiseskefulde raffineret vegetabilsk olie

¼ tsk sennepsfrø

Metode

- Bland korianderblade, grønne chili, ingefær, hvidløg, kokos, limesaft, spidskommen og korianderfrø. Kværn denne blanding, indtil du får en fin pasta.
- Bland denne pasta med gurkemeje, chilipulver og salt.
- Mariner kartoflerne med denne blanding i 30 minutter.
- Varm olien op i en gryde. Tilsæt sennepsfrø. Lad dem syde i 15 sekunder.
- Tilsæt kartoflerne. Kog ved lav varme i 8-10 minutter, rør af og til. Serveres varm.